JN409018

꽃이 말을 하다

윤 예 주 시집

시와사람

윤예주 시집

꽃이 말을 하다

2021년 11월 1일 인쇄
2021년 11월 5일 발행

지은이 | 윤 예 주
펴낸이 | 강 경 호
인쇄·기획 | 도서출판 시와사람
등 록 | 1994년 6월 10일 제 05-01-0155호
주 소 | 광주시 동구 양림로119번길 21-1(학동)
전 화 | (062)224-5319
팩 스 | (062)225-5319
E-mail | jcapoet@hanmail.net

ISBN 978-89-5665-610-6 03810

값 10,000원

* 이 책은 전라남도관광문화재단의 지원으로 제작되었습니다.

꽃이 말을 하다

남방바람꽃

시인의 말

청영에 오면
철마다 꽃이 피는 무릉도원이 있다.
이곳을 찾아 홀연히 떠나 둥지 튼 10여 년의 삶
거기에는 정답이 있었고 진실이 있었다
꽃은 소박하며 정직하다
떨어지는 꽃잎 하나에도 가슴이 뭉클했고
늦은 가을 내리는 한 줌 찬 서리에도
가슴이 아팠다
그리고 내 삶의 중심은 늘 꽃이었고
꽃 속에는 또한 별같은 시詩가 존재했다
십여 년의 삶은 그 시를 주워 담았을 뿐이다
막상 그들로 시집으로 묶고 나니
부족한 점이 너무 많아 부끄럽다
그러나 어찌하겠는가
남은 생도 꽃과 함께 할 것이고
노래할 것이다
꽃은 영혼을 맑게 씻어주고
미소 띤 얼굴로 언제나 환하게 웃는 것이
꽃이기 때문이다.

2010. 10.

화순 예춘정가 별마루에서 윤예주

차례

2 은목서의 사랑

3 꽃이 말을 하다

4 봄빛 동산

5 사랑하는 우리 천사들

1

꽃은 시들어도

솔나리꽃

꽃은 시들어도

일찍이 섬진강 하구 망덕포구에서 태어나
흙먼지 풀풀 나는 고샅길 돌고 돌다
뒤늦게 다랑이 논배미에 둥지 튼
시골 촌놈

흰 구름도 쉬어가는 다랑이가
야생화 예술촌이 되어
꽃 친구들 불러 놓고
천년을 산다면
누가 뭐라 하겠는가

돌아보면 숱한 세월
꽃 같은 세월이 아니었던가
그 꽃 이제는 시들고 향기조차 떠났다지만
그 꽃진 자리
아직 희망은 춤추고 있다네

그러니 시든 꽃잎에
비록 진한 향기는 떠나갔다지만
새봄이 오면

꽃 한 송이 피워놓고
멋진 꽃노래도 불러야지 않겠는가.

10월, 향기 한 줌으로

산안개 띠를 두른 동산에
은목서 향기 한 잔으로 하루를 열어가는
야생화예술촌의
아침 테라스

가을이 내려앉은 잔디밭
은목서 찻잔을 붙잡고
앞산 산안개 피어오르는 풍경처럼
깊은숨을 몰아쉰다

코로나19로 한가위 연휴를 보내고
아침을 맞는 여유
29번 국도에는 갈증 난 자동차들이
세월처럼 달리고 있다

코로나19로 자주 뵙지 못하는 육신
부모님 산소로 달려가 두 손을 모으니
천상에서 지켜보시던
아버지 어머니가 활짝 웃으신다

오랜만에
어머니 아버지 곁에
작은 은목서 한 그루 심어
10월의 향기 한 줌 드리고 왔다.

마음을 비우면

꽃이 나에게 말을 건넨다
근심, 걱정, 원망, 저주, 모두 다 내려놓고
그냥 허허 웃으며
살자고

아침이 오면
구름과 바람과 벌과 나비까지 불러놓고
사랑 노래 부르며
함께 사는 것

늙어 욕심을 부리면
고추 농사지어도 태풍이 불어 실패하고
하우스 농사는 한겨울 폭설로
헛수고가 되더라

그러니
허허한 세상
그럭저럭 살다가 보면
저문 뜨락에 깨소금보다 더 진한
꽃향기 짙게 내리더라.

벚꽃

허공에 한 살림을 차린
저기 저 꽃들을 좀 봐
우듬지에 한 엿새쯤 더부살이로 살다가
바람을 만나 제 몸 맞기고
비산하는
저들

피고 지는 것이
어디 저들뿐이겠는가
세상만사가 다 그런 거를 보여주고
미련 없이 가는
눈꽃

그래도
마지막 가는 길에 하는 말
한 뼘도 안 되는 인생 마음 비우고
나처럼 살라며
신신당부하고 간다.

들꽃의 노래

봄바람 불어오면
들꽃은 날 보고
꽃씨 하나 심으라 하고

여름이면
구름 끼어 비 오는 날
들꽃은 날 보고
마음 씻고 노래하라 하네

가을이 오면
들꽃은 날 보고
마음 비우라 하더니

겨울이 오자
들꽃은 날 보고
가진 것 다 내어놓으라 하네

한 생은 어느덧 서산에 기울고
들 향기 더욱 짙어
육신이 가벼우니

예춘정가의
들꽃들은
영원한 나의 스승이라.

아침 정원

조용한 아침 정원에
햇살이 내리면
산새들이 내려와 노래를 부른다

휘- 휘파람새 소리와
아침 꿩꿩 장끼의 노랫소리 듣노라면
지난 하루의 고달픔도
바람처럼 사라지고

이슬 내린 풀잎
풀무치들의 아침 날갯짓과
평화로운 정원의 요정들도 저마다
잠을 깬다

무거운 육신의 영혼아
더넘바람도 쉬었다 가는
저 조용한 예춘정가의 아침 정원
싱싱한 가을풍경 앞으로 오라

풀잎에 내리는 햇살과
철 따라 피어나는 야생의 꽃들과
저들이 춤추는 춤사위 좀 봐.

꽃을 사랑한 남자

너와 함께 한 황홀한 세상
우리가 꽃이라면
이름 없는 잡초꽃도
나는 사랑했다

그저
흔하디흔한 잡초라고
어느 누구도
눈길 한번 주지 않았지

세상 벽에 부딪혀
좌절도 해봤고
물질의 벽에 부딪혀 나래 치며
끝없이 추락하기도 해봤다

들창문 때리는 겨울밤
바람도 슬피 울었다
그래서 나는
널 잊을 수가 없다

어두운 밤 홀로 빛나는
저 별바라기 별처럼 나는
널 사랑하고 싶다.

거저 피는 꽃이 어디 있으랴

라일락은 제 색과 모양과 향기를 가지고
한 송이 꽃을 피우기 위해
가을부터 지문이 닳도록
고뇌한다

키는 얼마쯤 키우고
가지는 몇 개쯤 뻗을 것이며
어디쯤에다 몇 송이 꽃을 달아야 할 것인가
밤새워 생각도 했다

조상의 혼을 이어온
꽃 색과 향기의 농도는 알 만큼 피울 것이며
언제쯤 꽃을 피울 것인가도 생각하며
시詩를 쓴다

꽃잎은 고뇌의 무늬이며
향기는 수 없는 밤을 불태운 눈물이고
보랏빛 꽃 색은
깊은 상처의 지문으로 남았다

겨울 강을 건너
불면의 밤을 숙명처럼 보내고
드디어 한 송이 꽃을 눈물로 피운다
세상에 거저 피는 꽃은
어디에도 없다는 듯.

금목서꽃이 피다

뜰 안에 설익은 가을바람이 분다
흐리게 내려앉은 아침 안개에
금목서 꽃향기 피어오르고
소담한 풍경 너머엔 그대가 있다

초 가을비에
목덜미 서늘하게 적시고
소리 없이 날아오르는 새 떼들
황톳빛 카펫을 깐 것처럼

하루 새 땅을 덮고 있는
꽃잎의 잔해들 앞에
종일토록 물음표를 안고
서성거리는 마음은 가을 때문일까

그리운 이름들은 멀리 있고
나직이 불러보면 눈시울이 젖는데
바람에 스치듯
손에 잡힐 듯
가슴은 왜 이렇게 텅 비어 있는지

나이 탓일까
세월 탓일까.

노인과 꽃

한 이틀 비가 내린다.
묵은 마음에는 먼지가 앉고 육신은 낡아
노인이라지만
마음은 아직도 청춘이다

지난겨울은
가슴이 찢어질 듯 아플 줄이야
어느 누가 모를까만
그것은 기나긴 동토冬土에서
봄을 피워 올리려는
고통이 아닌가

예춘정가 동산에 새소리가 크게 들리거늘
이는 봄이 멀지 않았다는 노래가 아니더냐
땀 흘리고 키 키워 파아란 잎새로
바람 따라 노래하면
풍성한 또 가을이 오리니

꽃 친구야
우리 묵은 마음에 흙먼지 훌훌 털어내고

새봄에는 우리의 영혼 풍성해질 것이니
풀린 흙 다독이며
봄을 기다리자.

부모님 영전에

옷 주름보다 더 깊은 격랑과 눈물로 지샌
질곡의 세월 앞에
흙의 몸으로 살아오신
부모님

무엇이 힘들게 했을까요
무엇이 무지러진 손마디 아프게 했을까요
잡박한 세상 다 내려놓으시고
이제 유유창천
붕새처럼 사소서

저 창망한 하늘나라는 이미
준비해 두신 부모님의 세상이시니
그곳에서 어우렁더우렁
새 삶을 사소서

이별 아닌 이별 앞에
이루지 못하신 그 큰 꿈은 여부없이
우리가 꼭 이뤄낼 겁니다
유유히 지켜보소서
사랑합니다.

내일을 위하여

꽃이란
영원히 시들지 않는 나의 아내다
시시때때로 함께한
동반자다

추운 날이나
불볕더위에도
그저 한 몸처럼 움직이고 뒹굴고 뛰었던
순간순간마다 동행한
보석 같은 너

그 아득한 세월의 기억 속에서
너와 항상 울고 웃고
시린 등 다독이며
함께한 여정

내일을 위하여 무거운 짐 내려놓고
터벅터벅 마지막 남은 꽃길
함께 걸어가자
저기 보이는
저 길 끝으로.

다시 생각하며

한 걸음도 가까이할 수가 없구나
숱한 세월이 흘렀어도
끝내 가까이할 수 없는 이 마음
가슴이 아프다.

한 걸음 다가서면
두 걸음 멀어져가는 너
가까이하기엔 이미 너무 멀어졌구나
그 먼 나라
별이 된 천사야

너와 나
꿈속에서나 볼 수 있을까
이제는 세상 무거운 짐 모두 내려놓고
네 꿈꾸던 새 나라 별이 되어
더욱 빛나라

노을에 비낀
마지막, 네 얼굴을 다시 보고 싶다
멀어져간 하늘의
천사야.

이별

가슴이 어떻게 아픈지
지금까지 나는
몰랐다

왜 아프고
왜 찢어지는 통증은 오는 건지도
나는 더더욱 몰랐다

너를 알기 전까지는
누구도 말해주지 않았고
의사까지도 몰랐다

너 때문에
아픈 줄도 모르고.

9월에 떠난 사랑

코스모스 피는
9월 바람 끝 따라 떠난 사랑아
가려거든
뒤돌아보지 말고 가라

들꽃은 피어 흔들흔들 갈바람 불러 놓은 채
그리움은 산처럼 쌓여만 가는데
저 멀리 흐려진 아침 안개 속으로
뒤돌아간 너

가려거든 후회하지 말고
그 길 끝까지 가라
다음 생 우리가 만나거든
그런 일이 없었던 것처럼 다시
사랑하면 되잖아

가을이 물들어가는 9월 끝자락
태우지 못한 우리 사랑 꽃불로 활활 태워
안타까운 지난 사랑 이야기
한 편의 詩로 쓰자

9월에 떠난 슬픈 사랑아.

눈칫밥

그대는 눈칫밥을 먹어본 일이 있는가
수많은 눈총이 쏘아대는 자리에 앉아
허기진 배 채우려 먹는
눈칫밥
등에 붙어버린 뱃가죽 때문에
눈치 밥상 앞에 앉아
이 눈총 저 눈총 맞아가며
먹던 그 눈칫밥
여기서 쿡
저기서 쿡
밥알 흘린다고 쥐어박히고
쌀 축낸다고 쥐어박히는
그래도 먹어야 했던 추억을 누가 알기나 할까
오직 배고픔 이기려 부르튼 입술 깨물며
먹었던 눈물의 눈칫밥
그때 그 울고 싶었던 마음을
어느 누구가 알까
눈칫밥을 딛고 일어나
이제 겨우 허리 좀 펴봤다
먼먼 기억 속의 언덕에서

끝내 잊히지 않는
그 눈칫밥
한 술.

아들아, 힘을 내라

북풍한설 속에서도
복수초 꽃봉오리는 노랗게 터지더라.

어디 세상에 힘들지 않은 것이 있다더냐
젊어 고생은 사서도 한다느니
이 세상 젊음은 가장 큰 무기거늘
무엇이 두려우랴

해치 속에서도 수련은 꽃을 피우고
쓰레기더미에서도 안개꽃은 꽃을 피우거늘
꽁꽁 언 얼음장을 뚫고 미나리는
푸른 고개 내밀더라

아느냐, 아들아 어디
수고로움 없이 이루어지는 것들이 있더냐
절망 끝에 희망은 샘솟고
고통 끝에는 성공이 떡 버티고 일어선다

천 리 길도 한 걸음부터이고
첫술에 배부르랴만

꿈꾸는 자는
늘 앞서나가더라

저녁노을 뒤에는 개밥바라기 별이 더욱 빛나듯
네가 가는 길 멀다 하지 마라
그 길 끝은 저기 보이거늘
어둠 없이는 낮이 오지 않고
낮이 없다면 결코
밤은 오지 않는 거란다
아들아.

너는 내 운명

태어날 때도 혼자였고
돌아갈 때도 역시 혼자 일턴데
무엇을 더 바랄 것인가
그것은 운명이다.

너 떠나고
허전한 이 마음
어디에 내려놓아야 치유될 수 있을까
세상을 알 때쯤 너는 불쑥 커서
내 곁을 떠나갔지

오늘 하루만, 하루만 더
바람도 뭉게구름도 웃고 가는 푸른 동산에
작은 꽃으로 피어난
꽃 중의 꽃
천사꽃아

그런 네가 이제는
저 높고 높은 파란 하늘에
영원히 시들지 않는 꽃이 되었구나

그래 가자, 몽환의 세상이
거기에 있으니

후회 없는 삶,
너는 내 운명이 아니더냐
못다 한 사랑을 위하여
우리 함께 거기에서
시들지 않는 꽃으로 살자.

너를 보내고

국화꽃 피었다가 무리 지어지던 날
초연히 내 곁을 떠난 너
인간사 고해苦海라고 일찍 알아버린 네가
바람에 등 떠밀리듯
그렇게 갔구나

그래, 온기 식은 너를 안고
절망하고 통곡하고
측은한 시간만 모질게 흘러
텅 빈 가슴팍은 단 하루도 더 채울 수가 없었다

하늘로 가는 길이 멀지는 않더냐
장미꽃도 피고
떠났던 강남 제비들도 돌아오건만
불 꺼진 창문 너머로 공허하게
너의 빈자리만 보인다

오래전부터
하늘천사로 살아 온 너
내 가슴은 피멍이 들었지만

내 너를 위해
오늘 밤 촛불을 켠다

자,
이 늙어버린 애비의 꿈속으로 와보렴
어디 한번 만나보자꾸나
영원한 나의 막내
하늘천사야.

부탁

이 험난한 혼돈의 세상
여기까지 걸어왔거늘
어찌 걸어온 길을 모른다 하리

아들아
내 사랑하는 아들아
힘내라
그리고
용기 잃지 마라

이 세상은 오직 너의 것
너 하기에 모든 것이 달려있다
생각이 쓰면
세상은 오직
쓰디쓴 쓴맛 뿐이고
생각이 달면
지천은 모두 달달한 거다

그러니
우리 서로서로 사랑하며 살자

그것이 우리의 의무이며
가문의 정신이고
하나님이 주신 선물이란다

애비는
남은 생
그것 하나만 부탁한다.

창문 너머 노을 사이로

창문 너머 노을 사이로
하얀 파도처럼 출렁이는 그리움을 보았다.

저문 언덕 위에 묻어 둔
노을에 물든 그리움
눈물로 쏟아내고
돌아서는 천근 발걸음이 무겁구나

보았는가
밤새 허물어져 가는
어설픈 돌탑 사이로 그리움의 바람도
힘없이 지나가는 것을

얼마를 더 아파하고
얼마나 더 눈물을 쏟아내야
이 그리움의 상처 치유될 수 있을까

몽환의 아침이 오면
나는 또 이슬에 젖은 이름 없는 잡초처럼
애타는 그리움의 노래를
목놓아 부르리라.

2

은목서의 사랑

투구꽃

은목서의 사랑

눈이 내린다.
때 이른 시월 초이렛날 밤
은목서 나무 아래 하얀 눈이 소복이 내린다
밤새 얼마나 내렸기에 저리도
하얗게 쌓였을까

겨울은 아직 멀리 있는데
때 이른 시월 푸른 나무 밑이 하얗다
아침 햇살이 내려와 통통 튀는데도 녹지 않고
지나가는 바람에 제 몸 맡겨 뒹군다

그리움이 얼마나 깊었기에
밤새도록 제 몸의 향기까지 쏟아
그대 부르고 싶었는지
떨어진 그리움에서도 진한
향기가 진동한다

기다림에 지친 은목서의 깊은 사랑일까
온종일 애태우던 마음을
신비로운 사랑으로
하얀 눈을 쏟아내고 있다.

민들레 사랑

운명처럼 다가온
마지막 사랑의 끄나풀을 놓치고 싶지 않아
길을 나섰다
저녁 산그늘 내려 올 때쯤
괘나리 봇짐 하나 지고
살바람 등진 채
노랑머리 하얗게 퇴색된 현실 앞에
바싹바싹 말라버린 빈 가슴이지만
저 멀리 내 한 몸 누일 척박한 땅
너덜겅이라 해도
난 가고 싶다
그대 머무는 곳
실낱같은 마지막 꿈을
꽃피우기 위해.

깽깽이풀꽃* 사랑 1

어느 봄날
깽깽이풀 한 포기가
눈부신 비색의 꽃을 선물로 준다

금방 불타버릴 것 같은 계절도
그 멀고 먼 시베리아 눈보라도 이겨내고
이제서야 나에게 툭툭 옆구리를 치며
봄을 알리는 풀꽃

내 사랑을 알기는 아나 봐
정성과 보살핌을 일찍부터 맛보고는
통통하게 봄빛 꽃망울로
눈인사하는 저들

해가 가고 달이 가도
끝내 변하지 않는 해맑은 영혼
봄빛 햇살 같은 너와 나의 사랑으로
이 땅을 적시자.

* 깽깽이풀꽃 : 우리나라 토종 야생화

깽깽이풀꽃 사랑 2

그대여,
꽃 문을 닫지 마오
밤마다 보랏빛 꿈을 꾸는 사나이
나와 함께 하룻밤 새워가며
이야기하자

창문 너머 별빛 초롱초롱한 황토방에서
보랏빛 향기 가득한 그대 품에 안겨
아무도 모르게
행복의 꿈도 꾸자

아침 이슬 또르르 구르는 치맛자락에는
겨울 강 건너온 역사를 쓰고
설레는 내 안의 향기로
물들이고 싶다

예춘정가
아장아장 걸어오는 봄 햇살 앞에서는
봉긋한 꽃 문을 열고
우리는 영원한
친구로 살고.

으아리꽃* 사랑

으아리꽃아,
내 땀방울이 떨어진 동산에서 홀로 피어
너는 나의 영원한 친구
내 사랑이란다
이렇게 피어도 나의 꽃이고
저렇게 피어도 나의 꽃이 아니더냐
부디 미움은 지우고
그 향기 또한 나를 위한
네 선물이라
예쁘게 피지 않아도
향기가 없다 하여도
네 고운 마음 하나면
내게 부족함 없으니
너의 모든 것이 나의 사랑이라
천하에 홀로 피어
진한 사랑을 가르쳐 주는
영원한
나의 동반자야.

* 으아리꽃 : 덩굴식물로 여러해 살이 풀꽃

용담꽃의 꿈

아무도 관심이 없는
버려진 지구의 모퉁이 너덜겅이
나의 집이고 삶의
터전이었다

그렇지만
불평하거나 불만도 없었다
오직 운명의 끄나풀 하나 붙잡았을 뿐
누구에게도 원망하지 않았다

희미한 보랏빛 작은 꿈 하나 이루려
마른 흙에 깊이 발을 뻗었고
작은 소망하나 걸어둔 채
더듬더듬 일생을
그렇게 살았지 않은가

이제는
너덜겅의 삶을 끝내고
비록 기름진 땅은 아니라지만
우리 이 마음 편안한 한 뼘의 땅에
행복의 둥지를 틀자.

꽃의 마음

진홍빛 사랑인가?
보랏빛 그리움인가?
이른 봄 꽃을 피워 여름 장마 건너뛴
노루귀와 깽깽이는 비바람까지도
사랑했다

연기도 없이 불타오르는 가을을 만나
가슴 따뜻한 솜이불 한 장 덮고
눈 깜박할 사이 겨울 강도
건너뛰었다

언 땅 풀리자마자
계절의 중심에 우뚝 서서 참았던 눈물을 쏟아
말간 외다리에 밀어 올린 꽃봉오리들
그 끝에서 펼쳐지는
찬란한 유희

햇살 한줄기 어리면
언살 터져 피워낸 아련한 꽃 한 송이가
보랏빛 곱게 단장한

너의 마음일까

흔들리면서도
결코, 흔들리지 않는
천년 세월의 향기로 피워낸 꽃심에
아침 이슬이 어린다.

얼레지와 한 몸이 되다

너는 눈부신 요정
나는 너에게 푹 빠져 이제
너 없인 살 수 없는 존재가 되었다

비가 오나 바람이 부나
밤낮없이 너 떠나 살 수 없는
마치 물고기가 물을 떠나 살 수 없듯이
나는 너와
너는 나와 한 몸이다

널 보고 싶어
마른 씨앗 심을 때마다
발자국에 고인 눈물을
아는지
모르는지

그래, 네가 있음으로
세상은 온통 풍요롭고 아름다운 천국
나는 네가
너는 내가 되어
이제는 한세상 함께 살자.

등심붓꽃*의 편지

엊그제까지
겨울 강을 건너오면서도
푸른 젊음을 마음껏 노래하던
너

새로운 봄을 만나
푸른 날개 활짝 펴
가냘픈 초록 몸매 마음껏
자랑하더니

늦은 봄이 되어서야
가는 봄이 아쉬웠는지 세상에
가장 작은 붓끝으로
편지를 쓴다

눈물겨운 하루살이 사랑이라
그래도 행복했노라고
한 줌 꽃바람에 그리움의
편지를 띄운다.

*등심붓꽃 : 붓꽃과의 여러해 살이 풀

깽깽이의 잔소리

아침부터 저녁까지 다들
나의 가장 예민한 곳을 만져보고 간다
화창한 봄날의 햇살이 그렇고
낭랑한 바람도 그렇다
그럴 때마다
나의 몸은 보랏빛 공주가 되어
황홀한 전율을 느낀다
아직 때 이른 봄날
6각 골방에서
한겨울을 건너뛴 꽃벌이 그렇다
하지만 이 녀석들
모두 나를 사랑하기는커녕
저들 욕심만 생각한 채 두 발로
때론 여섯 발로 온몸을 짓밟더니
결국 생채기를 내고 간다
산 그림자 길게 내려오는 저녁 무렵
서둘러 생채기 난 꽃 문을 굳게 닫은 채
어둠의 커튼 사이로 이 세상에서

가장 짜디짠 사랑을

꿈꾸는 꽃.

* 깽깽이; 우리나라 야생화 이름, 황연이라고도 함

예춘정가의 아침

이른 새벽녘 꽃 나팔소리에
아침을 여는 나는
참 행복한 사람이다

햇살과 지석강 물안개가 어우러진
예춘정가의 아침 풍경
어찌 말로 다 할 수 있겠는가

키다리 노랑원추리의 가냘픈 몸매와
유혹의 눈길에 푹- 빠져버린
때늦은 사랑

그대는 아시잖아요
백합꽃 향기 춤추는 동산에
환희 넘치는 상쾌한 아침 풍광과
그 싱싱한 향수의 달콤한
맛

나 홀로 맛보기에는 너무 벅찹니다
그리움 뒤에 숨은 향수 한 줌

부디 곁에 두시고
나와 함께 하시는 듯
그리 사소서.

예춘정가의 봄

어제 내린 단비가
오늘은 새벽안개로 세상은 온통 침묵 속이다
하루는 안개로 시작하고
꽃들은 안개 속에 숨어있다
둑길 건너 지석강 안개 속으로 봄이 오듯
작은 에덴동산에 복수초가
고개 내미는 예춘정가
노란 얼굴에 미소 짓는
봄의 전령사는
어제 내린 단비 한 모금 얻어 마시고
서둘러 봄소식을 전하는데
봄이 오기는 오는 걸까
TV 일기예보는 연일 강추위라며
한파주의보 발령 중이다
오던 봄 멈칫멈칫 뒤돌아 가지는 않을까
서둘러 찾아온 복수초는
아는지 모르는지
꽁꽁 얼어버린 날씨
서둘러 찾아온 노란 복수초는
이 야밤에 누구를 또 원망하고 있을까
침해 걸린 계절 앞에서.

그 남자의 꽃밭

벌 나비는 꿀을 따고
나는 꽃과 연인이 되어
매일매일 데이트하는 예춘정가 꽃밭

나를 좋아하는 꽃이 있어
외롭지 않고
내가 좋아하는 꽃이 피어있어
큰 행복이다

심으면 심는 대로
가꾸면 가꾸는 대로
거짓 없이 꽃을 피우는
꽃 친구들

그들은 거짓말도 모르고
원망조차도 더더욱 모르며
오로지 꽃향기로 말한다

그래서 그 남자의 꽃밭에서는
사계절 내내
꽃향기가 춤을 춘다.

예춘정가 꽃밭에서는

어둠의 창이 열리고
동녘 하늘이 붉게 물드는 시간이면
벌 나비는 어김없이
저마다 꽃을 찾아 길을 나선다

태초부터 꽃과의 인연이 있었을까
나도 꽃물 든 손으로
하루 종일 예춘정가 꽃밭을
더듬는데

저무는 저녁놀을 깔고 앉아
바람도 흰 구름도 웃고 가는 꽃밭은
나를 따르는 꽃들이 있어
외롭지 않았고

밤이면 꽃밭에 하늘의 별이 쏟아지고
촉촉한 이슬에 목을 축이는
풀벌레 노랫소리 적막을
깨우지 않는가

해마다 예춘정가 꽃밭은
봄부터 가을까지 온통 눈부신 요정들의 무대
십여 년을 하루같이
세상 벌 나비 다 불러 모아
잔치 벌린다.

등심붓꽃의 일상

향기로운 아침
옹기종기 모여 사는 등심붓꽃 친구들, 저마다
푸른 동산에 가냘픈 몸매 뽐내며
미소를 보낸다

낮엔 꽃 문 활짝 열어
입이 마르도록 웃고 노래하고
밤이 들면 꽃 문 굳게 닫은 채
은밀한 사랑에 빠진다

나이 든 꽃들
젊음도 한순간이었을까
침해 걸린 노인처럼 꽃 문도 열어둔 채
밤을 낮 삼아 하늘의 별을 보고
조곤조곤 입담에 힘이 실린다

예춘정가 정원은
낮이나 밤이나 조용할 겨를이 없다
어제도 오늘도
삶을 노래하는
등심붓꽃의 천국이다.

어제와 오늘 그리고

어제는
복수초꽃이 피었고

오늘은
변산바람꽃이 피었다

내일은 또
무슨 꽃이 필 것인지 모르지만
꽃 중의 꽃
깽깽이풀꽃이 피었으면
좋겠다

꽃, 꽃, 꽃,
꽃 중의
그 꽃
깽깽이풀꽃이라.

청영*을 품다

산야에 홀로 피는 영혼들
토실토실 익은 씨앗 뒤뜰에 심고
한 계절을 지나서야
연분홍 꽃을 피워 아름다운 미소를 보내는
앙증맞은 아이들

저들이 있어 하루가 즐겁고
저들의 풍요로운 노래와 미소가 있어서
나는 날이면 날마다
행복했다

화순이 청영을 품고
청영이 나를 품고 살듯이
나도 너를 품어
꽃피는 청영에서
야생화예술촌의 횃불을 높이 들리라.

*청영; 화순 이양면에 있는 작가가 거주하는 마을

5월, 청영마을에는

29번 국도에서
이양, 품평 이정표 따라 내려오면
손에 잡힐 듯 지척인
청영마을

5월, 마을 앞들 논에는 이양기 소리가 요란하고
논두렁길에 그림처럼 나앉은
손자들을 곁에 두고
허리 휜 할머니가 보인다

저문 논배미에서
모내기 끝난 이앙기 챙기는
60이 넘은 늙은 청년의 어깨가 그래도
황소처럼 듣든하다

밤이 되자 개구리 울음소리
마당 구석구석 튀어 오르고
밤하늘 별들도 눈인사하느라
초야가 바쁘다.

청영마을

만상이 잠든 황혼의 고요 속
후여고개 날아가는 학의 날개 아래
살포시 둥지 튼
작은마을.

집마다 사람 내음이 진동 하고
앞 내 지석강에 물안개가 피면
움츠렸던 어깨마다
길을 나선다

이웃과 이웃이 정으로 이어진 삶의 터전
곳곳에 칭찬이 넘치는 이야기들
불꽃처럼 피어올라
향기로 울을 넘고

무거운 어깨들이
어둠에 모여들 때면
가가호호 진한 행복의 꽃 피우느라
저녁노을에 군불을 지핀다.

청영의 가을풍경

10월, 집 앞
장작더미 위로 가을이 쌓인다.

텃밭 감나무에는 가을이 익어가고
청가시나무 울타리 밑 구기자가
노을보다 더 붉게
익어간다

새소리, 바람 소리, 물소리
오직 자연의 소리만이 허락한 땅에
웬 경운기 소리가
황금 가을을 싣고 달리는지

마을 앞 들녘
다랑이 논배미에도
성큼성큼
가을이 익어가고 있다.

3

꽃이 말을 하다

복주머니란

꽃이 말을 하다

오래도록 꽃을 바라보면
소곤소곤 말하는 소리 들립니다.

말없이 피어나
기다리고 기다렸다고 향기까지 더불어
넉넉하게 주더니
오늘 아침
반갑다고 말을 합니다

그 향기 속에
어찌나 진한 이야기가 꼭꼭 숨어있는지
온몸이 그만
그 이야기에 푹 빠지고 말았습니다

나도 꽃처럼 살 수 없을까
가슴 시린 세월 이겨내며
내 곁을 지키는
그대에게

나도 달콤한 이야기 말해주고 싶습니다
꽃처럼
진한 향기를 나누며
풋풋한 생
함께 살아줘 고맙다고.

용담꽃

계절의 경계를 지우며
보랏빛 치맛자락 훔쳐 잡고
거친 너덜겅 언덕을 넘어 달려온 너는
가을 신부

예춘정가 동산 가득
축복의 팡파르 울려 퍼지고
반짝반짝 별꽃 매력 넘치는 보랏빛
신부가 아니었더냐

갈바람 연주에 맞춰
덩실덩실 춤을 추는 너의 모습에
꽃동산을 지나던 뭉게구름도
빙그레 웃는구나

이제는 보석 같은 꽃봉오리 활짝 펴
힘든 나의 마음도 받아다오
우리 별빛 쏟아지는 밤이면
꽃문 굳게 닫고

세상 시름 다 잊은 채
진한 사랑에 한 번 빠져보자
톡톡 튀는 시월의
가을 여인아.

꽃무릇 2

저 광분하듯 울부짖는 너를
가슴으로 안아보기까지 나는
너를 알지 못했다
검은 육신도 녹아내릴 듯
열기 넘치는 어둠 속 숨죽여 있을 땐
어느 누구도 너에게
눈길 한 번 주지 않았지
매끈한 외다리 밀어 올려
은밀한 곳까지 다 내어놓은 무모한 몸짓과
부끄러워 홍당무가 된
너의 얼굴을 보고 나서야
쏟아지는 저 탄성들
가녀린 바람결에
흔들흔들 술 취한 여인처럼
누굴 또 유혹하는 몸짓인가
이제는 더 이상 유혹하지 마라
전생을 털어봐야
누구도 만날 수 없는
네 운명이니
한 줌 미풍에 붕새 되어 날아갈 듯

차마 눈뜨고는 바라볼 수 없는
슬픈 여인아.

원추리꽃 2

예춘정가 동산을
홀로 지키고 서 있는 키가 큰 여자
일찍부터 키를 키워
순례길 노랑 입술로 나를 유혹한다

받은 사랑이 너무나 크다고
감사가 부담되었을까
이른 새벽
빵 빵 빵 꽃 나팔을 불어
나를 깨우더니

가냘픈 몸매 노랑 입술로
연신 유혹의 눈길을 보내는
저 애틋한 마음
얼마나 더 기다릴 건지

아무도 없는 길목에서
연신 꽃 나팔로 아침을 깨우는 노랑 꽃순이
이슬 머금은 애처로운 모습이
아침 햇살에 불탄다.

안개꽃

메마른 땅에서 산다고
서러워하지 마라
그 땅도 차지하지 못하고
제 사는 동안
이름도 없이 겨우 꽃 한 송이 피었다 지는
풀꽃들도 있더라
네 사는 땅에 이제는 순응하고
큰 꿈을 펼쳐라
네가 없으면 그 화려한 꽃다발도
뭐가 그리 예쁘다 하겠는가
지금 너 있는 그곳이
천혜의 보금자리 한 줌 땅이다
너 없으면 어느 꽃이 더 빛날 수 있으랴
헐거운 꽃잎 없어도
방울방울 맺힌 수천 개의 별꽃
더욱 빛나리니
이제는 어깨 활짝 펴고
한 세상 살자.

노루귀꽃*

아침 햇살에
신비의 연분홍 아름다움이여

어디서
이 세상
누구를 유혹하려고
엿보고 있는가

뽀송뽀송 깃털을 세운 채
낙엽 한 장 이불 삼아 덮고는
빠끔 얼굴을 내미는
노루귀 좀 봐

생전 처음 보는
티 없이 맑은 영혼 앞에
이른 아침 쏟아지는 탄성들이
지축을 흔든다.

*노루귀꽃 : 노루귀를 닮았다 하여 붙여진 이름

망초꽃

덧없는 삶의 욕망 앞에서도 당당한
저 한 포기 망초꽃을 보라
냉혹한 현실 앞에 온몸을 던져
하얗게 피는 꽃이라

생육의 법칙은 살아있는지
서슬푸른 제초제의 칼끝 앞에서도
당당하게 둥지 틀었다

몽몽한 아침이면
하얀 목화솜 줄줄이 달고 섰는데
누가 이들의 생을 거둘 수 있을 건가?

길지 않은 삶의 여정에 사랑을 품고
당당하게 사는 법도 가르쳐주자
이것이 자연과 함께 사는
삶의 지혜다.

깽깽이와 돌단풍

우리는 이웃사촌
일찌감치 겨울 강도 함께 건너왔고
칼바람 앞에서도
맨몸으로 같이 막아섰다
비록 옷 한 벌 걸치지 않았지만
또한 돌아서지도 않았다
해지는 석양을 바라보면서 함께
목 놓아 울기도 했고
꽃피고 봄이 오는 길목에 서서는
함께 부대끼며
행복의 꽃노래도 불렀다
그래, 우리 이름은 다르지만
영원한 이웃사촌이라
죽어서도 우리는
한 몸으로
영원까지
함께 가리라.

복수초*

보석 같은 정원의 친구야
너는 나의 희망
10여 년을 마주한 우리는 청춘이다

너희들이 있어서
내 삶은 언제나 힘이 솟았고
희망이 넘쳤으며
꿈이 있었다

비 오는 날이면 비에 젖었고
눈 오는 날이면 눈 덮고 누웠다
밤이면 별을 보고
아침이면 이슬에 젖어 웃었다

보이느냐
저 눈 덮고 누운 예춘정가
눈雪 밑 뜨거운 영혼의 힘이 솟구쳐 올라
환하게 웃는 황금빛
미소를.

* 복수초 : 이른 봄에 피는 야생화. 봄의 전령사

복수초야

나에게 다가올 때
너는 늘 과속이었다

그러나
보고 싶은 마음이야
어디 너뿐일까만
나 역시 얼마나 기다렸는데

오늘 아침 새벽안개 속을 뚫고
실눈 뜬 채
한걸음에 달려온
너는

무거운 마음 내려놓고
샛노란 얼굴에 환한 미소
일찍이 봄의 전령사로
내 가슴 보았으니

봄의 커튼도 활짝 열자
멀리 불어오는 봄바람에

초록 치마에 말아 올린 노랑 입술로
봄노래도 부르자.

노루귀*의 춤사위

춤을 춰봐
어서, 내 앞에서 S라인 그 몸매로
네 춤사위를 보여다오

봄을 힘껏 잡아당겨
네 앞에 무릎을 꿇게 해야
춤을 추겠느냐

뽀송뽀송한 솜털로 목을 감싼 채
이 야밤에도
누굴 또 유혹하려는고

끝내 꽃 문 닫지 못한 사연
숨기지 못하고
속마음까지 다 털어놓는
노루귀.

*노루귀; 이른 봄에 피는 우리나라 토종 야생화

담쟁이의 노래

평지로 길을 가는 것은 아니다.
고난과 역경을 넘어 벽을 타고 오르는 것
그것이 곧 내 운명인 것을

계절을 뛰어넘어
우리 손에 손을 잡고 가을 강으로 가자
얼굴이 검게 타도 괜찮다
어쩔 수 없이 붉게 타버릴 육신인데
무엇이 두려울까

겨울을 기다리기엔 시간이 너무 없다
내 한 몸 붉은 섶다리 되어
그대 오작교 건너가는 길이 된다면
손발이 검게 타도 괜찮다

그것이
내 마지막 꿈인 것을.

꽃을 노래한 詩

꽃과 함께 사는 인생
늘 뒷춤에 펜과 종이를 감추고 살았다
괴나리봇짐 하나 달랑 걸머지고
오늘도 길을 나서다 보면
어느 돌무더기에 엉덩이 내려놓고 앉아
해진 종이에 콕콕 찍어 쓰는 깨알 글씨가
작품이 되고 시가 된다
한 손에 꽃을 또 한 손에는 시를 모아
조용히 기도해 본다
오롯이 꿈이고 희망으로 모아
다랑이 논배미에 꽃을 피운 여정
향기가 가득하고
삶의 진국이 고여있다
그까짓 것 뭐하러 골똘히 생각할까
머리 아프게 하지만
그러나 꽃 친구가 있고
그들의 사랑이 있어
나는 멈출 수가 없다
행복이
거기에 있으니.

내 마음 둘 곳은

여기를 봐도 아니고
저기를 보아도 아니다.

그래서
이렇게 보았더니 그것도 아니고
저렇게 보면 보일까 했는데
그것 역시 아니더라

그래서
내 마음 둘 곳은 오로지
예춘정가 꽃동산

깽깽이풀꽃
너 하나
너뿐이더라.

꽃의 운명

예춘정가 동산에는
봄에 피는 깽깽이 꽃이 있고
한여름에 피는 백일홍도 있다
가을에 피는 금목서꽃이면 어떻고
겨울 눈보라 속
하얀 꽃송이 머리에 이고
송이송이 피는 눈꽃이면 또 어떠랴
꽃은 꽃으로
제철에 피어야 제맛인 걸
우리네 인생도 꽃과 같거늘
저버린 꽃은 이미 꽃이 아니다
어디든 둥지 틀고 꽃으로 피어
제 몫 다하고 지면은 되는 것을
어여쁜 사랑아
우리네 삶도 꽃피었을 때
저마다 싱싱한 향기 나누며 사는
5월의 라일락이 아니더냐
사랑아,
흰 꽃으로 피는 도라지도 있고
검붉게 피는 흑장미도 있더라

흰 꽃이면 어떻고
검붉은 꽃이면 또 어떠하다더냐

흰 꽃이나
검붉은 꽃이나
거기서 거기까지의 운명이니
우리 사는 길
섧다 하지 말고
저 꽃처럼 향기 나누며 살자.

깽깽이풀꽃*을 사랑한 이유

꽃이라고 여겨왔던 것이 잘못이었다.

무슨 꽃이
저렇게도 예쁘게 피어 유혹하는 줄을
나는 몰랐다는 것이
잘못이다

처음부터
너무 뜨겁게 불타오르는 사랑이었을까
사랑이 너무 뜨거우면
쉽게 식는다는 것

한 철도 끝내 불태우지 못하고
식어버리는 사랑
그 사랑, 횃불처럼 이제는
천천히 태우리라

실오라기 하나 걸치지 않은
처연하게 내맡기는 몸짓
차마 눈을 뜨고 바라볼 수 없어

날개를 활짝 편다

하늘을 향해 한 방울의 눈물까지도
허락하지 않는 너의
청아한 사랑, 나는 오직
그 영혼을 사랑했다.

* 깽깽이풀꽃; 우리나라 희귀야생화 이름, 황연이라고도 한다.

꽃을 사랑한 이유

우중에서도 피는 너는
나의 사랑이라

긴긴 장마 끝 갈증을 앓는 너는
얼마를 목 너머 삼켜야
이제는 됐다고 할 건지

이놈들이 보고 싶어
두 눈 딱 감고 입술 한번 깨문 채
다시 흙으로 돌아온
인생

오늘도 흙에 파묻혀
흙 속에서 요정 같은 꽃 한 송이를 피운다
꽃은 거짓말할 줄도 모른다
좋으나 싫으나
웃음 짓는 신실한 꽃

꽃이란 놈은 김영란법도 모르고
공수처법도 모른다

세상을 다 아는 놈들이지만
정치는 더더욱 모른다

그래서 나는
꽃을 두고두고 사랑한다.

꽃이 피던 날

굳은 땅에 심어 둔
갈색 꽃씨가
마알간 얼굴 들고 나올 때
그 희열의 맛을 모른다면 꽃을 안다고
더는 말하지 마라

서릿발 곧게 선 동토에서는
숱한 격정을 이겨낸
해맑은 꽃이
여기저기 피고 있다

말간 얼굴에
생살 찢고 크게 웃으며 꽃피운
황홀한 영혼
훨훨 봄바람이
향기를 뿌리던 날

예춘정가 동산에 해맑은 꿈들이 다 모였다
노랑, 빨강, 보라에서부터
흰색에 이르기까지 온통

꽃의 천국
무릉도원이다.

청노루귀의 운명

나는 봄을 꿈꾸면서도
또 다가올 겨울을 걱정한다
짧은 나의 생
곧 질 때를 염려하며 또 다른 생명도 기대한다
긴긴 겨울바람을 건너온 안도의 땅에
새 생명을 틔워
가슴을 출렁이게 하는 꽃
살아갈 저 어린 것들
밤마다 가슴은 안절부절못한다
산다는 것은 끝없는 고뇌의 나날
겨울과 봄의 틈새에서
단 하루도 편안한 날이 없다
때론 눈보라 속에서도
경계를 늦출 수는 더더욱 없다, 하지만
따스한 낙엽 한 장 나를 덮어 준다면
그것을 이불 삼아 덮고
나는 끝까지 살아갈 것이다
이것이 나의 운명이다.

4

봄빛 동산

자주색꿩의다리꽃

봄빛 동산

예춘정가,
4월의 봄빛 내린 동산은
팔색 미인이다

마알간 아침이면
연분홍 드레스로 미소 짓다가

한낮 지나 해거름이 되자
보랏빛 드레스로 갈아입고
너울너울 춤도 춘다

붉은색,
보라색 꽃무늬 드레스로
날 또 유혹하는
저들

봄빛 동산은
꿈의 무대 무릉도원이다.

가을이 오면

귀뚜라미 합창 따라
또르르 가을이 오려나 보다
오늘은 먼 그리운 사람 불러
같이 오면 좋으련만
어찌 너희들만 찾아와
이 잠 못 드는 밤 외로움에 덧칠하는가
가을이 오면 기다려지는 사람
소리 없이 찾아왔다면
이 밤 두둥실 춤이라도 추련만
코스모스 피면 온다던 그 사람
수없이 코스모스 피고 저도
소식조차 없는데
쏟아지는 아득히 먼 그리움 한 자락
가던 길 멈추고 돌아도 보련만
귀뚜라미 등 타고 오는
이 가을을, 나
또 어떻게 보낼까.

오늘 아침에

소슬바람이
붉게 물든 단풍잎을 시샘하듯
툭툭 건드리며 지나간다.

잔디밭에 앉은 풀무치도
치매에 걸렸는지
하얀 된서리 내린 풀잎 속으로
숨는다

나도 언젠가 나이 들면 저 모습이 될진대
강 건넛산 아래 햇살이 앞뜰로 오기도 전에
한껏 뽐내던 단풍잎도
뚝뚝 떨어져 바람에 몸을 맡긴다

쌀쌀한 십일월의 아침
떵떵거리며 거리를 누비던 벤츠 차도
나뭇잎처럼 떨어져
사람도 차도 거리에 뒹구는
아침 뉴스

올가을에는
코로나19로
모두가 아쉬움뿐이다.

5월의 잔디밭

발용산을 넘어오는 아침햇살
예춘정가 잔디밭에
살포시 내려앉으면 소소한
이슬방울이 톡톡 튄다

어디서 왔는지 푸드덕
장끼가 잔디밭에 앉아 두리번거리다
짝을 부르는지
꽁- 꽁 두 날개를 퍼덕이며
유혹의 눈길을 보낸다

이에 놀란 사랑이가
컹- 컹 짖지도 못하고
잔뜩 긴장 한 채로 눈치 보고 있는데
이웃집 어여쁜 이 여사
마당으로 들어서자

푸드덕 장끼가 바람을 가르며 난다
꿩도 이 여사도 서로 놀라
멈칫거리는 아침

조용하던 5월 잔디밭이
소란스럽다.

6월의 행복

유월,
예춘정가 정원에는
때늦은 라일락꽃이 활짝 피었다

올봄 텃밭에서는
토마토와 고추가 무럭무럭 자라
단맛과 매운맛을 보여주었고
이제는 가지 맛을 보여줄 차례다

10여 년을 함께 지켜온
복숭아와 포도나무에
월초 비 그친 틈을 잠시 빌려
각각 봉지를 씌웠으니

복숭아와 포도는 7월 말쯤에
배는 10월 말쯤 과일 맛을 보여줄 것이다
3월 코로나로 아이들과 함께 체험한
감자를 수확했으니
이것이 유월의 행복 아닌가

뒤늦게 찾아온
신실한 유월의 행복 그 진한 맛이
몽실몽실 피어나는
예춘정가의 풍경이다

가을

산이 불탄다.

솔잎 사이로 갈잎 사이로
우- 우거리며
바람이 내 지르는
불꽃

저토록 산이 불타는 것은
긴긴 겨울을 이겨낼
불을 지피는 거다

억새는 억새만큼
국화는 국화만큼
새로 태어날 자식들을 위해

마지막
불을
토하는 거다.

11월의 그리움

꽃이 시들고
단풍잎 떨어진다고 슬퍼 마오
피어나는 꽃과 푸른 나뭇잎을 보며 우리는
희망의 노래 부르지 않았던가
꽃향기 더욱더 짙어가는 봄부터
단풍잎 떨어져 서걱이는 가을까지
꽃 이야기 새록새록 피어
꽃 친구들 뜰 안에 가득하니
겨울이 온다 해도 슬퍼 마오
이 겨울 지나고 나면 또다시 봄이 오리니
흙 속에 묻힌 영혼이라도
어찌 봄을 잊겠는가
여름 지나 가을
짙은 녹음도 단풍으로 물들어
이별을 노래하지만
이 그리움 너머 또다시
봄 향기 꽃피우리니
그대여
11월이 가기 전에
우리 꽃씨 하나 심어놓으면
새봄에 친구들 돌아오지 않겠는가.

가을을 보내면서

파란 하늘
큰꽃으아리 씨앗 하나가
바람을 타고 허공을 가른다

아직 머뭇거리던
단풍잎 하나 우듬지에 떨고 있는 사이
청풍의 화학산은
노란 옷을 갈아입고

저만치 감국 향기가
가냘픈 얼굴에 엷은 미소를 띄운 채
낙엽 뒹구는 잔디밭을 걷는다

테라스에 앉아
향 짙은 꽃차 한 잔 마시며
멀어져가는 가을을
손사래 쳐 보낸다

가을아,
부디 몸조심해서 가라

이 추운 겨울을 어디서 보내려는지
감기와 코로나19도
조심해야지.

겨울 벤치에

상무 호수공원 벤치에
때 이른 봄이 먼저와 살포시 앉아있다.

누군가의 삶의 무게였을까
한쪽으로 기울어진 방부목 벤치 그 밑에
퉤- 퉤 뱉어버린
껌딱지들

의식이 없이
무심코 내뱉은 것들과
구역질 나는 세상을 향해 더럽게
씹다 내뱉은 무용한
삶의 얼룩들

그 위에 세상을 탓하거나
사랑을 곱씹거나
진한 향기에 취해 짓이겨진
삶의 지문들도 나 있다

벤치에 앉아 가만히 귀 기울여보니
지난 삶의 얼룩과 지문들이
껌딱지 위에서
수런거리고

어머니 품속 같은 따스한 바람이
덕지덕지 붙어있는
퇴색된 껌딱지들을
지우고 있다.

한파경보

2020년의 겨울
강도, 바다도, 산도, 마을과 마을,
사람과 사람의 마음까지도 꽁꽁 묶었다
코로나19로 얼어버린 세상에
대설경보는 하얀 이불 하나 덮어 주었다

누가 뭐라 할 것인가
세상을 모두 삼켜버린 날씨인데
더는 말이 없다
영하 2~30도의 수은주
50년 만에 깨어진 기록이다

북극으로부터
먼 길 돌아온 한파경보
TV 브라운관을 뚫고 나와
한강으로, 서해로, 한라산으로 돌아
집도, 비닐하우스까지도
이윽고 보이는 것은 모두 덮는다

지구는
거대한 하나의 설국이다.

김장하는 날

펄펄 살아
부챗살처럼 싱싱하던 배춧잎이
한 줌 소금 세례를 받고서는
이내 숨이 죽었다

소금물이 빠진 배추
바다와 고추밭과 참깨밭 그리고
볏논이 버무려진 이들은 서로 온몸을 뒤섞어
양념이라는 이름으로
배추 속속마다 붉은 옷을 입힌다

옷을 입은 배추들은
하나둘씩 김칫독 속으로 재워지고
김칫독은 다시 한 해 동안 의지할
북극 시베리아로 입고되어
한겨울을 건너야 한다

12월 초이틀 김장하는 날
푸른 배춧잎 한 가닥 찢어 맛을 보니
초록 향기가 입 안 가득
김장독이 되었다.

배추밭에서

그 배추밭에는
늘 어머니가 있었다

새벽이슬 밟고
풀 뽑고 거름 주며
아픈 허리 굽혔다 펴신다 하시던
어머니는
배추밭이었다

나는
이른 아침
그 배추밭에서
김장하시는
어머니의 손을 보았다.

단감 맛

바로 이 맛이야!
씹으면 씹을수록 아삭아삭
입을 돋구는
단감 맛

올봄 감나무가
꽃샘추위로 꽃을 피우지 못하고
그냥 빈 가지로
길게 팔을 뻗고 사는데

지난해 접을 붙여 성공한 감나무는
가지마다 주렁주렁 가을을 매달고
바람이 불어오자
흔들흔들 방아를 찧고 있다

시월 초아흐렛날
노을보다 더 붉은 단감 하나 뚝 따서
가을을 맛본다
바로 이 맛이야
단감 맛.

코로나19

하늘이 준 2020년을
너에게 도둑맞고 말았다
유령처럼 소리도 없이 달라붙어 도둑질해 가는 놈
나는 그 하찮은 미물 앞에 한 해를
도둑맞고 방황했다

사계절 내내
보이지도 않고 만질 수도 없는 너는
기세등등 닥치는 대로 폐부 깊숙이
스며들기에 두렵다
길과 길이 없어도 세계로 길을 내고
두려움과 공포의 대상으로
침몰시키고 있다

때론
마스크로 길게 줄을 세우는가 하면
선별검사소 앞에서도 줄을 세웠다
음압병실 앞에서까지도 줄을 서야 했고
백신주사 맞는데도 번호표로 줄을 서야 했다

일찍이 학교 문은 닫혔고
백화점도 시장도 극장도 카페도
먹거리 식당까지도 문을 굳게 닫아야 했던 1년
끝내 자유까지 빼앗겼다, 도둑맞은 1년은
어디에서 보상받을 수 있을까

우리 사는 세상
사람과 사람의 거리는 몇 미터일까
도둑맞고 쓰러져 가는 길
파아란 하늘에 만장이 웃는다
탐욕의 지문이 얼굴마다
마스크 자국으로 선명하다.

망덕산*에서

망덕산은 태초부터
내 영혼의 뿌리였다.

하룻강아지 범 무서운 줄 모르고 오르던
정상의 평전, 그 진실의 땅
망덕산은 지금도 그 자리에서
섬진강을 안고 돌아앉은 경상도와
어머니 품 안 같은 전라도를 거느린 채
남쪽 바다를 호령하고 있다

보아라, 밤마다
망덕포구에 배 띄워놓고
새벽부터 어서라 저어라 노 저어가는 것을
야호! 하면은 앞 천왕산이 받아
다시 쳐 보내는 메아리
밤이면 남쪽 바다에 뜬 별이
하늘의 별보다 더 많은 것을
그대는 보았는가

새벽 첫닭이 울면
뱃고동 소리 아침을 깨우고
물보다 더 많은 별을 안고 흐르는 섬진강
그 강을 지키는 망덕산을
그대들은 아는가

나 태어난 이래
단 한 번도 등을 돌리지 않았고
지금도 든든한 후원자로 말없이
어깨를 지켜주는
그 산.

* 망덕산 ; 광양시 진월면에 있는 산이름

언덕

우리는 서로 언덕이 되어야 산다.

언덕은
누군가의 의지와
고단한 삶의 여정에 바람막이다
고로 살면서 누군가와 서로의
언덕이 필요하지 않을까

날씨가 춥거나
칼바람이 부는 날에도
언덕이 있어야 바람을 피할 수 있고
소도 언덕이 있어야 비빌 수 있듯이
사람에게도 기댈 언덕이 있어야
외롭지 않고 춥지도 않다

남녘 고향 땅에도
든든한 형제 언덕이 있어야 고향이다
그렇지 않으면 고향길에도 어깨는 늘 시리다
그러니 우리는 서로의
든든한 언덕이 되자

언제나 어머니의 언덕은
따뜻했다.

가짜

상장도 가짜요
박사도 가짜, 그리고
논문까지도 가짜다
세상에 가짜 아닌 것은 아무것도 없다
모두가 가짜투성이
말의 가짜는 거짓말이고
명품의 가짜는 짝퉁이다
사람이, 사람이 아니면 개 같은 인간이라 했던가
요즘 국회에는 가짜 국회의원들이 판을 친다
왜 놀고먹는 놈들이 국회의원이라고
아침부터 저녁까지 고래고래 고함만 지르고
세비는 꼬박꼬박 챙겨가니 말이다
열심히 일하고 세비 받아 가는 놈들
눈 닦고 봐도 한 놈도 없으니 그들도 가짜일 뿐
가짜가 가짜를 욕하고
손가락질하는 세상이 되어버렸다
이제 이 세상에
가짜는 모두 걷어내자
진짜만 살려두는
그야말로 청정 세상을 만들면 어떨까

그래도 또 가짜는 생겨나겠지
거리의 목소리조차
귀를 막고 외면하는 저 가짜들
모두 쓰레기로 치우고
진짜만이 판을 치는 세상을 만들자.

첫눈 오지 않는 밤

첫눈은
어제도 내리지 않았고
오늘도 내리지 않았다
첫눈 내리는 날 만나자고 한
굳은 약속은
퇴색되어버린 백지장처럼
휴짓조각이 된 지 오래
12월도 지나고 새해가 밝았다
그러나 첫눈은
어제도 내리지 않았고
오늘도 끝내 내리지 않았다
겨울 날씨도 한풀 꺾여 봄꽃들이 앞다퉈 피어나고
동산 노랑 생강나무가
깊은 땅속 물을 퍼 올리기 시작했다
1월도 어느덧
하순으로 내달리는 밤
하얗게 첫눈이라도 내린다면
이 한밤 새워서라도 그대에게 달려가리
첫눈아, 지금이라도
올 수 있지.

장마, 결국은 화를 내다

장마 초반부터
호우주의보 발령이다
그러나 그 예보는 빗나가고
보슬비가 내린다

결국, 일기예보는 빗나가고
비를 줘야 할 때는 여유롭게 비를 주고
하루쯤 비 그치고 넉넉하게 햇볕도 주어
꽃과 나무들도 힘이 솟는다

장마라는 고마운 친구
날이면 날마다 입만 가지고
떠들어 대는 여의도 친구들 때문에
일기예보까지 욕을 먹는다

밤낮없이 눈만 뜨면 거짓말에다
네 탓만 노래하는 저들
장마도 화가 났는지 물 폭탄으로 결국
저들의 입을 비튼다.

눈부신 아침 뜨락에서

살다 보니 이렇게
눈부신 날도 있는 것을

아득히 먼
기억의 모퉁이를 돌아
견뎌내며 기다린 삶의 굴곡들이
살빛 고운 꽃처럼
피어나니

잔달음으로 살던
텃밭과 가끔은 잊고 싶어서 눈감았던
애틋한 그리움도
풀빛 아침 햇살로 싱그럽게
나풀거린다

살다 보면
이렇게 마음 가득
아침 뜨락에 행복의 꽃물이
흥건히 스며드는 것을
이제야 맛본다.

5

사랑하는 우리 천사들

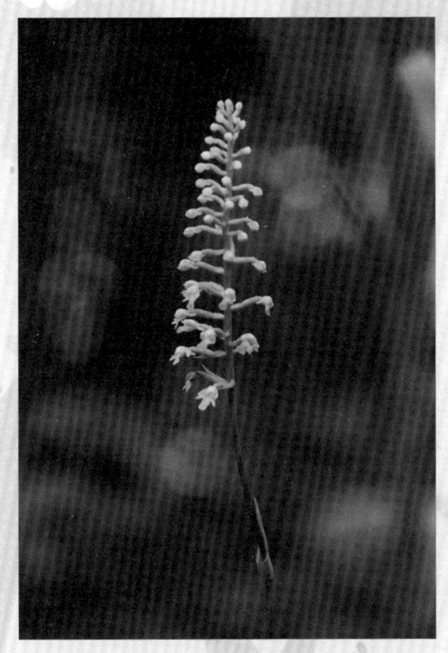

병아리난초꽃

우리 집은 꽃집

윤예림 (대전 용전초 4년)

아빠는 무궁화
엄마는 장미
동생들은 민들레

아빠는 우리 집을 대표하기에
대한민국을 대표하는
무궁화

엄마는 예쁘면서도 가끔
상처를 주니까
가시 있는
장미

동생들은 돌아다니기를 좋아하니깐
늘 날아다니는 그래서
민들레다.

보름달

정윤호 (두레초등 2년)

늦은 밤
고요하게 떠오르는
보름달

세상은 어두운데
밝은 빛으로
길을 비추는 것 같기도 하고

사람들을 이리 오라고
손짓하는 것
같기도 하다

이 고요한 밤에
보름달은 더 높이 떠오르려고
애쓰면서 또
올라간다.

즐거운 물놀이

윤예림 (대전 용전초등 3년)

여름 하면
생각나는 물놀이
어푸어푸 시원한 물에 풍덩!!

아이 차가워,
너무 차가워.
가위바위보, 가위바위보, 팀을 정하자
후루룩, 후루룩
맛있는 라면

한 그릇,
두 그릇, 세 그릇
아이 맛있어

재미있고
즐거운 물놀이.

* 2016. 8월 여름방학 중 할아버지 집에서

겨울잠

윤예림 (대전 용전초등 2년)

겨울이 되니
모두가 겨울잠을 자네

다람쥐는
땅속에서 자고
개구리도
땅속에서 자지

그럼 난
어디서 자지?

엄마 품속에서
쿨쿨, 콜- 콜
자지요

단풍잎

김윤우 (하남초등3년)

단풍잎은 어째서 빨개졌을까?
거꾸로 매달려서
빨개졌나
아니야,
아니야
사람들이 쳐다봐서
그만 부끄러워 빨개졌지.

신발장은 신발의 아파트

김윤우 (하남초등 3년)

신발장에 사는
신발은
싸우지 않아요
시끄럽게 하지도 않아요

신발들은 숙제가 없어도
놀지 못해요
하지만
사람이 신으면 놀 수 있지요

신발들도
좋은 점이 있지만
나쁜 점도
또 있어요

오래오래 신고 나면
더러워지는데
저 혼자
깨끗하게 씻지 못해요.

책

정지윤 (두레초등3년)

나는 안다.
지식의 집이 어딘지
그 속에는
지식이 모여 산다

내가 모르는
여러 가지 지식도 살고
저마다 그 속에 모여 산다

그럼 그 속엔
어떤 모양의 지식이 살까
삼각형, 사각형, 오각형, 육각형
마지막 원.....

내가 알거나 모르는 지식은
모두 책이라는 집에 살고 있다
그래서 지식의 집은
책이다.

그림을 그리면서

정지윤 (두레초등2년)

나는 그림을 좋아한다
나는 슬플 때 그림을 그리면
기분이 좋아진다.
그리고 화날 때 그림을 그리면
더 재미있다.

NY